ՀԵՔԻԱԹՆԵՐ՝ ՔՆԵԼՈՒՑ ԱՌԱՋ

BEDTIME FAIRY TALES

Ամեն երեկո՝ քնելուց առաջ, հայրիկը հեքիաթ էր կարդում դստեր համար: Երբեմն նա գործով մեկնում էր այլ քաղաքներ, և աղջիկը դժվար էր քնում առանց հեքիաթների, որոնց արդեն սովորել էր: Այնժամ հայրիկը գտավ լուծումը: Նա սկսեց դստեր զանգել սկայպով, որպեսզի նրան բարի գիշեր մաղթի և հեքիաթ կարդա նրա համար:

Աղջնակի սիրելի հեքիաթները ժողովված են այս գրքում:

* * *

Every night before bedtime Dad read tales to his daughter. Sometimes he had to leave for business to the other cities, and the girl could not fall asleep without the tales to which she was accustomed. Then Dad found a solution. He began to call his daughter on Skype to wish her goodnight and read a story.

Her favorite fairy tales are collected in this book.

Bilingual Book in Armenian and English
by Svetlana Bagdasaryan

ԲՈՎԱՆԴԱԿՈՒԹՅՈՒՆ

CONTENTS

Ռապունցել

Ժամանակով մի մարդ ու կին էին ապրում յոթ սարից, յոթ ձորից այն կողմ: Նրանք տարիներ շարունակ ապարդյուն ուզում էին երեխա ունենալ:

Նրանց տան հետնի մասում մի փոքրիկ պատուհան կար, որից մի հրաշալի պարտեզ էր երևում՝ լի գեղեցիկ ծաղիկներով ու բույսերով:

Պարտեզի շուրջը բարձր պարիսպ էր քաշված, և ոչ ոք չէր համարձակվում այնտեղ մտնել, որովհետև այն պատկանում էր մի կախարդուհու, որը մեծ իշխանություն ուներ, և բոլորը վախենում էին նրանից:

Մի անգամ կինն այդ փոքրիկ պատուհանից նայում էր պարտեզին: Մեկ էլ հանկարծ նրա աչքն ընկնում է ծաղկաթմբին, որտեղ շատ գեղեցիկ զանգակածաղիկներ էին աճում:

Նրանք այնքան փարթամ ու կանաչ էին, որ կինն սկսում է երազել զանգակածաղիկների սոխուկներից պատրաստված սալաթի մասին:

Ցանկությունն օրեցօր սաստկանում է, և քանի որ նա գիտեր, որ ծաղիկներն անհասանելի են, այդ իսկ պատճառով լիովին ընկճվում է, գունատվում ու տխրում:

Կնոջ տեսքից վախեցած՝ ամուսինը հարցնում է.

- Քեզ ի՞նչ է պատահել, սիրելի՛ս:

- Ա՜խ,- պատասխանում է կինը: - Եթե ես չուտեմ պարտեզում աճած զանգակածաղիկների սոխուկներից պատրաստված սալաթը, կմեռնեմ:

Ամուսինը, որը շատ էր սիրում կնոջը, մտածում է. «Ես թույլ չեմ տա, որ կինս մահանա, պիտի ճարեմ այդ սոխուկները, ինչ գնով էլ որ լինի»:

Մթնշաղին նա անցնում է պատի վրայով, մտնում կախարդուհու պարտեզը, արագ-արագ մի բուռ լիքը սոխուկ քաղում և բերում կնոջը: Վերջինս նույն պահին իր համար սալաթ է պատրաստում և մեծ ախորժակով ուտում: Սալաթն այնքան համեղ է լինում, որ հաջորդ օրը կնոջ մոտ դարձյալ ուտելու ցանկություն է առաջանում: Որպեսզի նրան հանգստացնի, ամուսինը խոստանում է կրկին պարտեզ մտնել:

Rapunzel

There once lived a man and his wife, who had long wished for a child, but in vain.

At the back of their house there was a little window which overlooked a beautiful garden full of the finest vegetables and flowers.

But there was a high wall all round it, and no one ventured into it, for it belonged to a witch of great might, and of whom all the world was afraid.

One day, the wife was standing at the window, and looking into the garden, she saw a flower bed filled with the finest rampion.

It looked so fresh and green that she began to wish for some; and at length she longed for it greatly.

This went on for days, and as she knew she could not get the rampion, she pined away, and grew pale and miserable. Then the man was uneasy, and asked, "What is the matter, dear wife?"

"Oh," answered she, "I shall die unless I can have some of that rampion that grows in the garden at the back of our house to eat."

The man, who loved her very much, thought to himself, *Rather than lose my wife I will get some rampion, cost what it will.*

So in the twilight he climbed over the wall into the witch's garden, plucked hastily a handful of rampion and brought it to his wife. She made a salad of it at once, and ate of it to her heart's content. But she liked it so much, and it tasted so good, that the next day she longed for it thrice as much as she had done before; if she was to have any rest the man must climb over the wall once more.

Մթնշաղին նա պատի վրայով պարտեզ է իջնում, սակայն դեռ նոր է ոտք դնում այնտեղ, երբ դեմառդեմ հանդիպում է կախարդուհուն: Նա շատ է վախենում, երբ կինը զայրացած բղավում է.

- Ինչպե՞ս ես համարձակվում մտնել իմ պարտեզը և գողանալ սոխուկները: Դա քեզ վրա էժան չի նստի:

- Ա՜խ,- ասում է ամուսինը, - զսպեք ձեր բարկությունը և ողորմած եղեք: Ես դա արել եմ անհրաժեշտությունից դրդված: Կինս պատուհանից տեսել է ձեր զանգակածաղիկները և այնպես է ցանկացել դրանցից սալաթ պատրաստել և ուտել, որ կմահանար, եթե չուտեր:

Այնժամ կախարդուհին ասում է.

- Եթե դա այդպես է, ապա քաղիր այնքան, ինչքան ուզում ես, սակայն միայն մեկ պայմանով. քո կինը շուտով երեխա կունենա, որին ինձ պետք է տաս: Ես կհոգամ նրա մասին հարազատ մոր պես:

Երկյուղից ամուսինը համաձայնվում է, և երբ Աստված նրա կնոջը դուստր է նվիրում, նույն պահին հայտնվում է կախարդուհին, երեխային անվանակոչում է Ռապունցել (որը նշանակում է զանգակ) և տանում է իր մոտ:

Ռապունցելը շատ գեղեցիկ աղջիկ էր: Երբ լրանում է նրա տասներկու տարին, կախարդուհին նրան փակում է անտառում գտնվող մի աշտարակում, որը ոչ դուռ ուներ, ոչ սանդուղք, միայն մի փոքրիկ պատուհան կար ամենավերևում:

Երբ կախարդուհին ուզում էր աշտարակ մտնել, կանգնում էր ներքևում և ձայն տալիս.

- Ռապունցե՜լ, Ռապունցե՜լ, հյուսերդ կախ գցիր:

Ռապունցելը հրաշալի մազեր ուներ՝ նուրբ ու ոսկեթել:

Աղջիկը հենց որ լսում էր կախարդուհու ձայնը, արձակում էր իր հյուսերը, կապում պատուհանի կեռից, և այնժամ նրա մազերը ոսկե ալիքներով ցած էին սահում քսան կանգուն: Կախարդուհին դրանց օգնությամբ վեր էր մագլցում:

Օրերից մի օր այդ նույն աշտարակի մոտով անցնում է թագավորի տղան: Հանկարծ նա երգի ձայն է լսում աշտարակից և այնպես է գերվում այդ երգով, որ կանգնում և ականջ է դնում:

So he went in the twilight again; and as he was climbing back, he saw, all at once, the witch standing before him. He was terribly frightened, as she cried, looking at him in anger, "How dare you climb over into my garden like a thief, and steal my rampion! You will pay for it!"

"Oh," answered he, "be merciful rather than just, I have only done it through necessity; for my wife saw your rampion out of the window, and became possessed with so great a longing that she would have died if she could not have had some to eat."

Then the witch said, "If it is all as you say you may have as much rampion as you like, on one condition - the child that will come into the world must be given to me. It shall go well with the child, and I will care for it like a mother."

In his distress of mind the man promised everything; and when the time came when the child was born the witch appeared, and, giving the child the name of Rapunzel (which is the same as rampion), she took her away with her.

Rapunzel was the most beautiful child in the world. When she was twelve years old, the witch shut her up in a tower in the midst of a wood, and it had neither steps nor door, only a small window above.

When the witch wished to be let in, she would stand below and would cry,

"Rapunzel, Rapunzel!
Let down your hair!"

Rapunzel had beautiful long hair that shone like gold. When she heard the witch's voice she would undo the fastener of the upper window, unbind the plaits of her hair, and let it down twenty ells below, and the witch would climb up by it.

After they had lived thus a few years it happened that as the King's son was riding through the wood, he came to the tower; and as he drew near he heard a voice singing so sweetly that he stood still and listened.

Երգողը Ռապունցելն էր, որն իր մենությունը փորձում էր երգով կարճացնել:

Թագավորի տղան ուզում է բարձրանալ աշտարակ, բայց ոչ դուռ է գտնում, ոչ սանդուղք: Այդպես թողնում, վերադառնում է տուն,սակայն երգն այնքան է հուզում նրա սիրտը, որ ամեն օր գալիս է աշտարակի մոտ՝ երգը լսելու: Մի անգամ, թաքնվելով ծառի հետևում, նա տեսնում է, թե ինչպես է կախարդուհին գալիս ու ձայն տալիս.

- Ռապունցե՛լ, Ռապունցե՛լ, հյուսերդ կախ գցիր:

Աղջիկը հյուսերը կախ է գցում, և կախարդուհին բարձրանում է վեր:

«Եթե սա է աշտարակի սանդուղքը,- մտածում է թագավորի տղան,- ապա ես էլ կփորձեմ իմ բախտը»:

Հաջորդ օրը, մութն ընկնելուն պես, նա գալիս կանգնում է աշտարակի մոտ և ձայն է տալիս.

- Ռապունցե՛լ, Ռապունցե՛լ, հյուսերդ կախ գցիր:

Հյուսերն անմիջապես ցած են սահում, և թագավորի տղան բարձրանում է աշտարակ:

Սկզբում աղջիկը շատ է վախենում, երբ տեսնում է տղային, որովհետև մինչ այդ նա ոչ մի տղամարդ չէր տեսել: Բայց թագավորի տղան նրա հետ շատ սիրալիր է խոսում և պատմում է, թե ինչպես է իր սիրտը գերվել աղջկա երգով, և նա չի կարող հանգիստ ապրել, մինչև չտեսնի աղջկան:

Այս խոսքերից աղջկա վախն անցնում է, և թագավորի տղան հարցնում է, թե նա համաձա՞յն է ամուսնանալ իր հետ: Տեսնելով երիտասարդ ու գեղեցիկ տղային՝ Ռապունցելը մտածում է.

«Նա ինձ ավելի շատ է դուր գալիս, քան պառավ Գոթելը»,- և նրան է մեկնում իր ձեռքը:

Ռապունցելն ասում է.

- Ես հաճույքով կգամ քեզ հետ, սակայն չգիտեմ, թե ինչպես պետք է իջնեմ այստեղից: Ամեն անգամ ինձ մոտ գալիս՝ մի կծիկ մետաքսե թել բեր: Այդ թելերից ես սանդուղք կհյուսեմ, և երբ այն պատրաստ լինի, կիջնեմ այդ սանդուղքով, և դու ինձ քո ձիով կտանես:

It was Rapunzel in her loneliness trying to pass away the time with sweet songs. The King's son wished to go in to her, and sought to find a door in the tower, but there was none. So he rode home, but the song had entered into his heart, and every day he went into the wood and listened to it. Once, as he was standing there under a tree, he saw the witch come up, and listened while she called out,

"O Rapunzel, Rapunzel!
Let down your hair."

Then he saw how Rapunzel let down her long tresses, and how the witch climbed up by it and went in to her, and he said to himself, *Since that is the ladder I will climb it, and seek my fortune.*

And the next day, as soon as it began to grow dusk, he went to the tower and cried,

"O Rapunzel, Rapunzel!
Let down your hair."

And she let down her hair, and the King's son climbed up by it. Rapunzel was greatly terrified when she saw that a man had come in to her, for she had never seen one before; but the King's son began speaking so kindly to her, and told how her singing had entered into his heart, so that he could have no peace until he had seen her herself.

Then Rapunzel forgot her terror, and when he asked her to take him for her husband, and she saw that he was young and beautiful, she thought to herself, *I certainly like him much better than old mother Gothel*, and she put her hand into his hand.

She said: "I would willingly go with you, but I do not know how I shall get out. When you come, bring a silken rope, and I will make a ladder, and when it is quite ready I will get down by it out of the tower, and you shall take me away on your horse."

Նրանք պայմանավորվում են, որ տղան գիշերները կգա, քանի որ պառավը առավոտյան է նրան այցելում:

Կախարդուհին իր հերթին ոչինչ չի նկատում, մինչև որ մի անգամ աղջիկը նրան հարցնում է.

- Ասացեք, խնդրեմ, տիկին Գոթել, ինչո՞ւ ինձ համար ավելի դժվար է ձեզ բարձրացնել աշտարակ, քան թագավորի տղային: Նա մի ակնթարթում այստեղ է հայտնվում:

- Ա՜խ դու անաստված,- գոչում է կախարդուհին: - Այդ ի՞նչ եմ լսում: Ես կարծում էի, թե քեզ թաքցրել եմ ողջ աշխարհից, իսկ դու, այնուամենայնիվ, խաբել ես ինձ:

Զայրացած կախարդուհին բռնում է աղջկա հրաշալի մազերից ու փաթաթում ձախ ձեռքին, իսկ աջով վերցնում է մկրատն ու կտրում դրանք: Ռապունցելի գեղեցիկ հյուսերն ընկնում են կախարդուհու ոտքերի մոտ: Չբավարարվելով դրանով՝ անխիղճ կախարդուհին աղջկան տանում է անապատ, որտեղ նա ապրում է աղքատության և զրկանքների մեջ:

Նույն օրը երեկոյան, աղջկան պատժելուց հետո, կախարդուհին հյուսերը կապում է պատուհանի կեռից: Թագավորի տղան, բանից անտեղյակ, գալիս ու ձայն է տալիս.

- Ռապունցե՜լ, Ռապունցե՜լ, հյուսերդ կախ գցիր:

Կախարդուհին հյուսերը ցած է կախում, թագավորի տղան մատնում է աշտարակ, բայց իր սիրելի Ռապունցելի փոխարեն հանդիպում է պառավին, որը չարությամբ նայում է նրան:

- Ահա՜,- ծղրտում է նա,- եկել ես սիրելիիդ հետևից, բայց գեղեցիկ թռչնակն արդեն իր բնում չէ, նա այլևս չի երգում: Կատուն նրան գողացել է, որը քո աչքերն էլ կհանի: Դու աղջկան այլևս երբեք չես տեսնի:

Թագավորի տղան վշտից և հուսահատությունից իրեն ցած է նետում աշտարակից: Նա չի մահանում, սակայն մամխենու փշերը ճանկռում, հանում են նրա աչքերը: Եվ նա՝ կույր ու միայնակ, սկսում է թափառել անտառում, սնվել արմատներով ու հատապտուղներով և դառնորեն ողբում է սիրելի կնոջ կորուստը:

They agreed that he should come to her every evening, as the old woman came in the daytime.

So the witch knew nothing of all this until once Rapunzel said to her unwittingly, "Mother Gothel, how is it that you climb up here so slowly, and the King's son is with me in a moment?"

"O wicked child," cried the witch, "what is this I hear! I thought I had hidden you from all the world, and you have betrayed me!" In her anger she seized Rapunzel by her beautiful hair, struck her several times with her left hand, and then grasping a pair of shears in her right - snip, snap - the beautiful locks lay on the ground. And she was so hard-hearted that she took Rapunzel and put her in a waste and desert place, where she lived in great woe and misery.

The same day on which she took Rapunzel away she went back to the tower in the evening and made fast the severed locks of hair to the window-hasp, and the King's son came and cried,

"Rapunzel, Rapunzel!
Let down your hair."

Then she let the hair down, and the King's son climbed up, but instead of his dearest Rapunzel he found the witch looking at him with wicked glittering eyes.

"Aha!" cried she, mocking him, "you came for your darling, but the sweet bird sits no longer in the nest, and sings no more; the cat has got her, and will scratch out your eyes as well! Rapunzel is lost to you; you will see her no more."

The King's son was beside himself with grief, and in his agony he sprang from the tower: he escaped with life, but the thorns on which he fell put out his eyes. Then he wandered blind through the wood, eating nothing but roots and berries, and doing nothing but lament and weep for the loss of his dearest wife.

Այսպես վշտահար նա թափառում է երկար տարիներ։ Վերջապես հայտնվում է այն անապատում, որտեղ խեղճ ու կրակ ապրում էր Ռապունցելն՝ իր երկվորյակ երեխաների հետ։

Թագավորի տղան հանկարծ ինչ-որ ծանոթ ձայն է լսում ու գնում է դեպի այդ ձայնը։ Երբ մոտենում է, Ռապունցելը ճանաչում է նրան և արցունքն աչքերին փաթաթվում տղային։ Աղջկա արցունքներից երկու կաթիլ ընկնում են տղայի աչքերին, և նա առաջվա պես սկսում է տեսնել։

Այնժամ թագավորի տղան Ռապունցելին տանում է իր թագավորությունը, որտեղ բոլորը նրանց ընդունում են ուրախությամբ։ Եվ ապրում են նրանք երկար ու երջանիկ։

So he wandered several years in misery until at last he came to the desert place where Rapunzel lived with her twin-children that she had borne, a boy and a girl.

At first he heard a voice that he thought he knew, and when he reached the place from which it seemed to come Rapunzel knew him, and fell on his neck and wept. And when her tears touched his eyes they became clear again, and he could see with them as well as ever.

Then he took her to his kingdom, where he was received with great joy, and there they lived long and happily.

Աստղային թալերներ

Մի փոքրիկ աղջիկ էր ապրում։ Նրա հայրն ու մայրը մահացել էին։ Նա շատ աղքատ էր՝ ոչ ապրելու խուց ուներ, ոչ էլ՝ մահճակալ, որ քներ։ Նրա ունեցած-չունեցածն իր վրայի հագուստն էր և հացի մի կտոր, որը նրան մի բարեհոգի մարդ էր տվել։ Նա բարի և լավ աղջիկ էր, սակայն շատ միայնակ էր, քանի որ բոլորը նրան լքել էին։ Օրերից մի օր նա ճամփա ընկավ՝ ուր աչքը կտրի՝ հույսը դնելով Տիրոջ կամքին։

Ճանապարհին նրան մի աղքատ հանդիպեց և ասաց.

- Ա՜խ, ինձ մի բան տուր ուտելու, ես այնքա՜ն քաղցած եմ։

Աղջիկը նրան տվեց վերջին կտոր հացն ու ասաց.

- Աստված օրհնի քեզ,- և շարունակեց իր ուղին։

Ճանապարհին նա մի երեխայի հանդիպեց, որն աղիողորմ լաց էր լինում։

- Գլուխս մրսում է, մի բան տուր՝ գլուխս ծածկեմ։

Աղջիկը հանեց իր գլխարկն ու տվեց նրան։

Նա մի փոքր էլ գնաց և հանդիպեց մեկ ուրիշ երեխայի։ Երեխան բաճկոն չուներ և ամբողջովին սառել էր։ Աղջիկը փոքրիկին տվեց իր բաճկոնը։ Հետո մեկ այլ երեխա խնդրեց նրա զգեստը, որն աղջիկը նույնպես տվեց։

Արդեն լրիվ մթնել էր, երբ նա մտավ անտառ։ Այստեղ նա մեկ ուրիշ երեխայի էլ հանդիպեց, որը նրանից խնդրեց վերնաշապիկը։ Բարի աղջիկը մտածեց. «Մութ գիշերը է, ինձ ոչ ոք չի տեսնում, կարելի է, թերևս, տալ», - նա հանեց իր վերնաշապիկը և տվեց երեխային։

Եվ երբ նրա մոտ այլևս ոչինչ չմնաց, աստղերն սկսեցին թափվել երկնքից։ Դրանք, սակայն, աստղեր չէին, այլ փայլուն թալերներ։ Թեև աղջիկը տվեց իր վերջին վերնաշապիկը, սակայն նրա հագին մի նոր վերնաշապիկ հայտնվեց, այն էլ՝ կարված նուրբ վուշից։ Աղջիկը վերցրեց թալերները, և դրանք նրան բավականացրեցին ողջ կյանքի ընթացքում:

The Star Money

There was once upon a time a little girl whose father and mother were dead, and she was so poor that she no longer had a room to live in, or bed to sleep in, and at last she had nothing else but the clothes she was wearing and a little bit of bread in her hand which some charitable soul had given her. She was good and pious, however. And as she was thus forsaken by all the world, she went forth into the open country, trusting in the good God.

Then a poor man met her, who said, "Ah, give me something to eat, I am so hungry."

She handed him the whole of her piece of bread, and said, "May God bless you," and went onwards.

Then came a child who moaned and said, "My head is so cold, give me something to cover it with."

So she took off her hood and gave it to him.

And when she had walked a little farther, she met another child who had no jacket and was frozen with cold. Then she gave it her own, and a little farther on one begged for a frock, and she gave away that also.

At length she got into a forest and it had already become dark, and there came yet another child, and asked for a shirt, and the good little girl thought to herself, *It is a dark night and no one sees you, you can very well give your shirt away,* and took it off, and gave away that also.

And as she so stood, and had not one single thing left, suddenly some stars from heaven fell down, and they were nothing else but hard smooth pieces of money, and although she had just given her shirt away, she had a new one which was of the very finest linen. Then she put the money into it, and was rich all the days of her life.

Էլֆերը

Մի կոշկակար էր ապրում։ Նա շատ աշխատասեր էր, բայց այնպես աղքատացավ, որ նրա մոտ ընդամենը մեկ զույգ կոշիկ կարելու կաշի մնաց։ Երեկոյան նա մնացած կաշվից կոշիկներ ձևեց, որպեսզի առավոտյան կարի, հետո հանգիստ խղճով անկողին մտավ, աղոթեց ու քնեց։

Առավոտյան կոշկակարը մոտեցավ սեղանին, որպեսզի շարունակի աշխատանքը։ Նայեց և զարմացավ. սեղանին մի զույգ պատրաստի կոշիկ էր դրված։ Կոշկակարը չգիտեր՝ ինչ մտածել։ Նա վերցրեց կոշիկները, որպեսզի ավելի լավ զննի։ Նրանք այնքան լավ էին կարված։ Բոլոր կարերն ուղիղ էին, կարծես վարպետի ձեռքն էր դիպել նրանց։

Շուտով կոշկակարի մոտ մի գնորդ եկավ։ Նրան այնքան դուր եկան կոշիկները, որ նա սովորականից երկու անգամ ավելի վճարեց։ Կոշկակարն այդ փողով կաշի գնեց՝ արդեն երկու զույգ կոշիկի համար։ Նա երեկոյան ձևեց կաշին, որպեսզի առավոտյան կարի։ Բայց այս անգամ էլ գործը կարելուն չհասավ, որովհետև կոշիկներն արդեն պատրաստ էին։ Գնորդներն էլ չուշացան։ Նրանք կոշկակարին այնքան վճարեցին, որ այդ փողը բավական էր՝ չորս զույգ կոշիկի կաշի գնելու համար։ Կոշկակարը ձևեց կաշին, իսկ առավոտյան չորս զույգ կոշիկն արդեն պատրաստ էր։

Այսպես շարունակվեց մյուս բոլոր հաջորդ օրերին. կոշկակարը երեկոյան ձևում էր կոշիկները, իսկ առավոտյան դրանք արդեն պատրաստ էին։ Նրա եկամուտն այժմ ավելացել էր, և նա ավելի լավ էր ապրում։

Մի երեկո՝ Սուրբ Ծննդյան տոնի նախօրեին, կոշկակարը կնոջն ասաց.

- Ի՞նչ կլինի, եթե մենք այս գիշեր չքնենք ու հետևենք, թե ով է մեզ օգնում.

Առաջարկությունը կնոջը դուր եկավ։ Նրանք վառեցին մոմերը և թաքնվեցին սենյակի մի անկյունում կախված հագուստի հետևում ու սկսեցին հետևել։

The Elves

A shoemaker, by no fault of his own, had become so poor that at last he had nothing left but leather for one pair of shoes. So in the evening, he cut out the shoes which he wished to begin to make the next morning, and as he had a good conscience, he lay down quietly in his bed, commended himself to God, and fell asleep.

In the morning, after he had said his prayers, and was just going to sit down to work, the two shoes stood quite finished on his table. He was astounded, and knew not what to think. He took the shoes in his hands to observe them closer, and they were so neatly made, with not one bad stitch in them, that it was just as if they were intended as a masterpiece.

Before long, a buyer came in, and as the shoes pleased him so well, he paid more for them than was customary, and, with the money, the shoemaker was able to purchase leather for two pairs of shoes. He cut them out at night, and next morning was about to set to work with fresh courage, but he had no need to do so for, when he got up, they were already made, and buyers also were not wanting, who gave him money enough to buy leather for four pairs of shoes.

Again the following morning he found the pairs made, and so it went on constantly, what he cut out in the evening was finished by the morning, so that he soon had his honest independence again, and at last became a wealthy man.

Now it befell that one evening not long before Christmas, when the man had been cutting out, he said to his wife, before going to bed, "What think you if we were to stay up to-night to see who it is that lends us this helping hand?"

The woman liked the idea, and lighted a candle, and then they hid themselves in a corner of the room, behind some clothes which were hanging up there, and watched.

Կեսգիշերին երկու գեղեցիկ մերկ մարդուկներ եկան, նստեցին սեղանին, իրենց մոտեցրին ձևած կաշին և սկսեցին կոշիկները կարել: Նրանց փոքրիկ մատները շատ արագ էին շարժվում. մեկ հմտորեն աշխատում էին ասեղով, մեկ՝ թակում մուրճով: Կոշկակարն ու իր կինը նայում էին մարդուկներին և չէին կարողանում աչքերը հեռացնել նրանցից: Մարդուկները ոչ մի րոպե չհանգստացան, մինչև բոլոր կոշիկները չկարեցին: Հետո հիացան իրենց աշխատանքով և անհայտացան՝ չգիտես, թե ուր:

Հաջորդ առավոտ կինն ասաց.

- Այս մարդուկները մեզ շատ օգնեցին: Մենք հարստացանք և պետք է վարձահատույց լինենք նրանց: Դրսում ցուրտ է, իսկ նրանք մերկ են: Ես ուզում եմ նրանց համար վերնաշապիկներ, կապաներ, բաճկոնակներ և տաբատներ կարել: Ամեն մեկին մի զույգ գուլպա էլ կգործեմ, իսկ դու նրանց համար կոշիկներ կարիր:

Ամուսինը պատասխանեց.

- Մեծ ուրախությամբ կանեմ:

Երեկոյան ամեն ինչ պատրաստ էր: Այս անգամ՝ ձևած կաշվի փոխարեն, սեղանի վրա նրանք դրեցին հագուստներն ու կոշիկները, իսկ իրենք թաքնվեցին, որպեսզի տեսնեն, թե մարդուկներն ինչպես են ընդունելու ընծաները:

Կեսգիշերին մարդուկները եկան և արդեն պատրաստվում էին աշխատել, բայց սեղանի վրա ձևած կաշի չկար: Կաշվի փոխարեն նրանք տեսան նվերները: Սկզբում զարմացան, իսկ հետո շատ ուրախացան: Մարդուկներն արագ հագան հագուստներն ու սկսեցին երգել.

Դե, եթե մենք պետք չենք,
Ուրեմն այլևս չպետք է աշխատենք:

Մարդուկներն սկսեցին խաղալ, զվարճանալ ու պարել: Հետո դուրս թռան բակ ու անհայտացան և այլևս չվերադարձան:

Այդ ժամանակից ի վեր կոշկակարն սկսեց շատ լավ ապրել:

When it was midnight, two pretty little naked men came, sat down by the shoemaker's table, took all the work which was cut out before them and began to stitch, and sew, and hammer so skilfully and so quickly with their little fingers that the shoemaker could not avert his eyes for astonishment. They did not stop until all was done, and stood finished on the table, and they ran quickly away.

Next morning the woman said, "The little men have made us rich, and we really must show that we are grateful for it. They run about so, and have nothing on, and must be cold. I'll tell you what I'll do, I will make them little shirts, and coats, and vests, and trousers, and knit both of them a pair of stockings, and you make them two little pairs of shoes."

The man said, "I shall be very glad to do it." And one night, when everything was ready, they laid their presents all together on the table instead of the cut-out work, and then concealed themselves to see how the little men would behave.

At midnight they came bounding in, and wanted to get to work at once, but as they did not find any leather cut out, but only the pretty little articles of clothing, they were at first astonished, and then they showed intense delight. They dressed themselves with the greatest rapidity, put on the beautiful clothes, and sang,

"Now we are boys so fine to see,
Why should we longer cobblers be?"

Then they danced and skipped and leapt over chairs and benches. At last they danced out of doors. From that time forth they came no more, but as long as the shoemaker lived all went well with him, and all his efforts prospered.

Կարմիր գլխարկը

Մի գյուղում անզուգական գեղեցկություն ունեցող մի աղջիկ էր ապրում: Մայրը նրա համար հոգի էր տալիս, իսկ տատիկն ավելի շատ էր սիրում: Մի օր բարի տատիկը նրան կարմիր գլխարկ գնեց, որը շատ էր սազում աղջկան, այդ պատճառով էլ բոլորն սկսեցին նրան Կարմիր գլխարկ կոչել:

Մի անգամ մայրը կարկանդակ պատրաստեց ու ասաց աղջկան.

- Սիրելիս, այցելիր տատիկին: Ես լսել եմ, որ նա շատ հիվանդ է: Նրան կարկանդակ և մի փոքրիկ կճուճ յուղ տար:

Կարմիր գլխարկն իսկույն ուղևորվեց տատիկի մոտ, որն ուրիշ գյուղում էր ապրում:

Անտառում նա հանդիպեց գայլին: Գայլը մտածեց ուտել նրան, բայց չհամարձակվեց, որովհետև մոտակայքում փայտահատներ էին աշխատում: Նա հարցրեց աղջկան.

- Ո՞ւր ես գնում, Կարմիր գլխարկ:

Խեղճ աղջիկը, չիմանալով, որ վտանգավոր է կանգ առնել և խոսել գայլի հետ, պատասխանեց.

- Գնում եմ տատիկիս մոտ, նրան կարկանդակ մի կճուճ յուղ եմ տանում:

- Իսկ տատիկը հեռո՞ւ է ապրում, - հարցրեց գայլը:

- Այո, հեռու է ապրում, - պատասխանեց Կարմիր գլխարկը, - առջևում երևացող ջրաղացից այն կողմ. հենց մտնում ես գյուղ՝ առաջին տունն է:

- Գիտես ինչ, - ասաց գայլը, - ես էլ եմ ուզում գնալ տատիկի մոտ: Ես կգնամ այս ճանապարհով, իսկ դու՝ մյուսով: Տեսնենք, թե մեզանից ով ավելի շուտ կհասնի:

Եվ գայլն ամբողջ ուժով սկսեց վազել ամենակարճ ճանապարհով, իսկ աղջիկը գնաց ամենաերկարով: Ճանապարհին նա ընկույզ և ծաղիկ էր հավաքում, թիթեռներին էր հետապնդում:

Շուտով գայլը հասավ տատիկի տուն և թակեց դուռը.

- Թը՛խկ-թը՛խկ:

- Ո՞վ է, - հարցրեց տատիկը:

- Այդ ես եմ՝ քո թոռնիկը, - պատասխանեց գայլը՝ փոխելով իր ձայնը: - Մայրիկը կարկանդակ և մի կճուճ յուղ է ուղարկել:

Little Red Riding Hood

Once upon a time there lived in a village a little country girl, the prettiest creature that had ever been seen. Her mother was very fond of her, and her grandmother loved her still more. This good woman made for her a little red riding hood, which fit her so well that everybody called her Little Red Riding Hood.

One day her mother, having made some pies, said to her, "Go, my dear, and see how your grandmother does, for I hear she has been very ill; bring her the pies and this little pot of butter."

Little Red Riding Hood set out immediately to go to her grandmother's, who lived in another village.

As she was going through the woods, she met the gaffer wolf, who wanted to eat her up; but he dared not, because of the loggers working near in the forest. He asked her where she was going. The poor child, who did not know that it was dangerous to stop and talk to a wolf, said to him, "I am going to see my grandmother, and bring her the pies and little pot of butter that my mother sent."

"Does she live far?" asked the wolf.

"Oh, yes," answered Little Red Riding Hood; "it is behind that mill you see there; the first house you come to in the village."

"Well," said the wolf, "and I'll go and see her, too. I'll go this way, and you go that way, and we shall see who will get there first."

The wolf began to run as fast as he could, taking the shortest way, and the little girl went by the longest way, amusing herself by gathering nuts, running after butterflies, and picking flowers. Not before long wolf reached the old woman's house. He knocked at the door - knock, knock, knock.

"Who's there?" called the grandmother.

"It is your granddaughter, Little Red Riding Hood," replied the wolf, imitating the girl's voice. "Mother sent you some pies and a little pot of butter."

Տատիկը պառկած էր անկողնում, նա շատ տկար էր:

- Քաշի՛ր պարանից, և սողնակը հետ կգնա, - բացականչեց տատիկը:

Գայլը քաշեց պարանի ծայրից, և դուռը բացվեց: Նա նետվեց դեպի տատիկը և կուլ տվեց նրան, որովհետև ավելի քան երեք օր ոչինչ չէր կերել:

Այնուհետև նա կողպեց դուռը, պառկեց տատիկի անկողնում և սկսեց սպասել Կարմիր գլխարկին, որը որոշ ժամանակ անց եկավ և թակեց դուռը.

- Թը՛խկ-թը՛խկ:

- Ո՞վ է, - հարցրեց գայլը:

Լսելով գայլի կոպիտ ձայնը՝ Կարմիր գլխարկն սկզբում վախեցավ, բայց մտածելով, որ տատիկը հարբուխ ունի, ասաց.

- Այդ ես եմ՝ քո թոռնիկը՝ Կարմիր գլխարկը: - Մայրիկը կարկանդակ և մի կճուճ յուղ է ուղարկել:

Գայլը բարակ ձայնով պատասխանեց.

- Քաշիր պարանից, և սողնակը հետ կգնա:

Կարմիր գլխարկը քաշեց պարանից, և դուռը բացվեց:

Երբ աղջիկը ներս մտավ, գայլը լավ փաթաթվեց վերմակի մեջ, որպեսզի Կարմիր գլխարկը չճանաչի նրան, և ասաց.

- Կարկանդակն և յուղը դիր որևէ տեղ և պառկիր ինձ մոտ:

Կարմիր գլխարկը անկողին մտավ: Նա շատ էր զարմացել, որ տատիկը գիշերանոցով այդպիսի տարօրինակ տեսք ունի:

Նա հարցրեց տատիկին.

- Տատի՛կ, ինչո՞ւ են ձեռքերդ այդպես երկար:

- Որպեսզի քեզ լավ գրկեմ, թոռնիկս:

- Տատի՛կ, ինչո՞ւ են ոտքերդ այդպես երկար:

- Որպեսզի լավ վազեմ, թոռնիկս:

- Տատի՛կ, ինչո՞ւ են ականջներդ այդքան մեծ:

- Որպեսզի քեզ լավ լսեմ, թոռնիկս:

- Տատի՛կ, ինչո՞ւ են աչքերդ այդքան մեծ:

The good grandmother, who was in bed, because she was somewhat ill, cried out, "Pull the bobbin, and the latch will go up."

The wolf pulled the bobbin, and the door opened. He fell upon the old woman and swallowed her, for he had not eaten anything for more than three days. He then shut the door, went into the grandmother's bed, and waited for Little Red Riding Hood, who came sometime afterward and knocked at the door - knock, knock, knock.

"Who's there?" called the wolf.

Little Red Riding Hood, hearing the hoarse voice of the wolf, was at first afraid; but thinking her grandmother had a cold, answered, "This is your granddaughter, Little Red Riding Hood. Mother sent you some pies and a little pot of butter."

The wolf cried out to her, softening his voice a little, "Pull the bobbin, and the latch will go up."

Little Red Riding Hood pulled the bobbin, and the door opened.

The wolf, seeing her come in, said to her, hiding himself under the bedclothes, "Put the pies and little pot of butter somewhere, and come and lie down with me."

Little Red Riding Hood went into bed, where she was much surprised to see how her grandmother looked in her night-clothes.

She said to her, "Grandmamma, what big arms you have!"

"All the better to hug you with, my dear."

"Grandmamma, what great legs you have!"

"All the better to run with, my child."

"Grandmamma, what great ears you have!"

"All the better to hear with, my child."

"Grandmamma, what great eyes you have!"

- Որպեսզի քեզ լավ տեսնեմ, թոռնիկս։

- Տատի՛կ, ինչո՞ւ են ատամներդ այդքան մեծ։

- Որպեսզի քեզ ուտեմ։

Եվ այս խոսքերն ասելով՝ գայլը նետվեց դեպի Կարմիր գլխարկը և կուլ տվեց նրան։

Այդ ժամանակ անտառից դուրս եկավ որսորդը։ Տեսնելով տունը՝ նա կանգ առավ, որպեսզի մի բաժակ ջուր խնդրի։ Նա փնտրում էր մեծ գայլին, որից ամբողջ գյուղը վախենում էր։

Որսորդը տարօրինակ սուլոց լսեց տանից։ Նա նայեց պատուհանից ներս և մի մեծ գայլ տեսավ, որը խռմփացնում էր տատիկի անկողնում։

- Գա՛յլը։ Այս անգամ նա ինձանից չի՛ փախչի, - բացականչեց որսորդը։

Որսորդը պատռեց գայլի որովայնը, և, ի զարմանս իրեն, այնտեղից դուրս թռան տատիկն ու Կարմիր գլխարկը՝ ողջ և առողջ։

"All the better to see with, my child."

"Grandmamma, what great teeth you have!"

"All the better to eat you up with."

And, saying these words, this wicked wolf fell upon Little Red Riding Hood, and ate her all up.

At this moment a hunter emerged from the forest. He saw the house and decided to stop and ask for a glass of water. He was looking for a big wolf who had been terrorizing the village.

The hunter heard a strange whistling inside the house. He looked through the window and saw the big wolf snoring on Grandma's bed. "The wolf! He won't escape me this time!" cried the hunter.

The hunter opened the wolf's stomach, and, to his surprise, out popped the unharmed Grandma and Little Red Riding Hood.

Կոշկավոր կատուն

Մի ջրաղացպան իր երեք որդիներին ժառանգություն թողեց: Եղբայրները դատարան չգնացին, իրենք բաժանեցին ժառանգությունը. ագահ դատավորները վերջինն էլ կվերցնեին: Ավագ եղբորը բաժին ընկավ ջրաղացը, միջնեկին՝ էշը, կրտսերին՝ կատուն:

Կրտսեր եղբայրը երկար ժամանակ չէր մխիթարվում. աղքատիկ ժառանգություն էր նա ստացել:

- Եղբայրներիս համար լավ է,- ասում էր նա: - Միասին կապրեն, ազնվորեն իրենց օրվա հացը կվաստակեն: Իսկ ե՞ս: Ասենք, կատվին կերա, ձեռնոցներ կարեցի նրա կաշվից: Իսկ հետո ի՞նչ անեմ: Սովից մահանա՞մ:

Կատուն լսեց այս խոսքերը, բայց ոչինչ ցույց չտվեց, այլ ասաց.

- Շատ մի՛ վշտացեք, տե՛ր իմ: Ինձ մի պարկ տվեք, մի զույգ երկարաճիտ կոշիկ պատվիրեք, որպեսզի հեշտ լինի քայլել անտառներով ու դաշտերով, և դուք կտեսնեք, որ ձեզ այնքան էլ չեն վիրավորել, ինչպես հիմա ձեզ թվում է:

Տերն այնքան էլ չհավատաց կատվի խոսքերին, չնայած հաճախ էր տեսել, թե ինչպես է կատուն խորամանկում, դիտավորյալ մեռած ձևացնում, որպեսզի մուկ ու առնետ որսա: Այնպես որ, տերը որոշեց չհրաժարվել դժվար պահին իրեն առաջարկած օգնությունից:

Երբ կատուն ստացավ անհրաժեշտ իրերը, արագ հագավ կոշիկները, պարկը գցեց ուսն ու գնաց մոտակա անտառը, որտեղ շատ ճագարներ կային:

Պարկից, որի մեջ թեփ ու կաղամբ էր լցված, կատուն թակարդ պատրաստեց: Հետո պառկեց խոտերին ու մեռած ձևացրեց՝ սպասելով որսին: Նա երկար չսպասեց. մի հիմար, ջահել ճագար ցատկեց ու մտավ պարկը:

Puss in Boots

There was a miller who left no more estate to the three sons he had than his mill, his ass, and his cat. The partition was soon made. Neither scrivener nor attorney was sent for. They would soon have eaten up all the poor patrimony. The eldest had the mill, the second the ass, and the youngest nothing but the cat. The poor young fellow was quite comfortless at having so poor a lot.

"My brothers," said he, "may get their living handsomely enough by joining their stocks together; but for my part, when I have eaten up my cat, and made me a muff of his skin, I must die of hunger."

The Cat, who heard all this, but made as if he did not, said to him, "Do not thus afflict yourself, my good master. You have nothing else to do but to give me a bag and get a pair of boots made for me that I may scamper through the dirt and the brambles, and you shall see that you have not so bad a portion in me as you imagine."

The Cat's master did not build very much upon what he said. He had often seen him play a great many cunning tricks to catch rats and mice, as when he used to hang by the heels, or hide himself in the meal, and make as if he were dead; so that he did not altogether despair of his affording him some help in his miserable condition.

When the Cat had what he asked for he booted himself very gallantly, and putting his bag about his neck, he held the strings of it in his two forepaws and went into a warren where was great abundance of rabbits.

He put bran and sow-thistle into his bag, and stretching out at length, as if he had been dead, he waited for some young rabbits, not yet acquainted with the deceits of the world, to come and rummage his bag for what he had put into it. Scarce was he lain down but he had what he wanted. A rash and foolish young rabbit jumped into his bag.

Կատուն էլ երկար-բարակ չմտածեց. սպանեց ճագարին ու կապեց պարկի բերանը: Հպարտ իր որսով՝ նա գնաց թագավորական պալատ և թագավորից տեսակցություն խնդրեց: Երբ կատվին տարան թագավորի մոտ, նա խոր գլուխ տվեց և ասաց.

- Ձե՛րդ մեծություն, ես ձեզ մի ճագար եմ բերել մարքիզ դե Կարաբասի անտառից (այս անունը կատուն էր հորինել իր տիրոջ համար): Իմ տերն ինձ հրամայեց՝ ձեզ մատուցել այս համեստ նվերը:

- Շնորհակալություն հայտնիր քո տիրոջը և ասա նրան, որ նա ինձ մեծ հաճույք պատճառեց,- պատասխանեց թագավորը:

Մեկ ուրիշ անգամ կատուն թաքնվեց ցորենի արտի մեջ և նորից լարեց իր թակարդը: Այս անգամ նա երկու ճարպոտ կաքավ բռնեց: Նա ճարպկորեն կապեց պարկի բերանը և կաքավները տարավ թագավորին, ինչպես նախկին անգամ տարել էր ճագարը: Թագավորն այս պարգևն էլ սիրով ընդունեց և նույնիսկ հրամայեց, որ կատվին գինի գնելու համար փող տան:

Այդ ժամանակից ի վեր սա դարձավ ավանդույթ. կատուն թագավորին որսամիս էր բերում, որն, իբր թե, իր տերն էր սպանել որսի ժամանակ: Մի օր էլ, երբ կատուն իմացավ, որ թագավորն իր դստեր հետ, որն ամենագեղեցիկ արքայադուստրն էր աշխարհում, պատրաստվում է զբոսանքի գնալ, ասաց իր տիրոջը.

- Տե՛ր իմ, եթե դուք լսեք իմ խորհուրդը, ապա համարեք, որ երջանկությունը ձեր ձեռքում է: Ձեզնից միայն պահանջվում է՝ գնալ լողանալու գետում այն մասում, որտեղ որ ես ցույց կտամ: Մնացածը թողեք ինձ վրա:

Տերը հնազանդորեն կատարեց կատվի խորհուրդը, թեև ընդհանրապես չէր հասկանում, թե ինչ իմաստ ունի այս ամենը:

Հենց այն ժամանակ, երբ նա լողանում էր, թագավորն անցնում էր գետափով: Կատուն վազեց դեպի կառքը և սկսեց բարձր կանչել.

- Օգնեցե՛ք, օգնեցե՛ք, մարքիզ դե Կարաբասը խեղդվում է:

Թագավորը, լսելով այս աղաղակները, գլուխը դուրս հանեց կառքից: Նա անմիջապես ճանաչեց կատվին, որն այնքան հաճախ նվերներ էր բերում նրան, և իր ծառաներին հրամայեց՝ փրկել մարքիզ դե Կարաբասին: Մինչ այդ, երբ խեղճ մարքիզին դուրս էին քաշում գետից, կատուն թագավորին պատմեց, որ լողանալու ժամանակ գողացան իր տիրոջ բոլոր հագուստները, թեև նա օգնություն էր կանչում և բարձրաձայն գոռում. «Գողե՛րը, գողերը»:

Monsieur Puss, immediately drawing close the strings, took and killed him without pity. Proud of his prey, he went with it to the palace and asked to speak with his majesty. He was shown upstairs into the King's apartment, and, making a low reverence, said to him:

"I have brought you, sir, a rabbit of the warren, which my noble lord the Marquis of Carabas" (for that was the title which puss was pleased to give his master) "has commanded me to present to your majesty from him."

"Tell your master," said the king, "that I thank him and that he does me a great deal of pleasure."

Another time he went and hid himself among some standing corn, holding still his bag open, and when a brace of partridges ran into it he drew the strings and so caught them both. He went and made a present of these to the king, as he had done before of the rabbit which he took in the warren. The king, in like manner, received the partridges with great pleasure, and ordered him some money for drink.

The Cat continued for two or three months thus to carry his Majesty, from time to time, game of his master's taking. One day in particular, when he knew for certain that he was to take the air along the river-side, with his daughter, the most beautiful princess in the world, he said to his master, "If you will follow my advice your fortune is made. You have nothing else to do but go and wash yourself in the river, in that part I shall show you, and leave the rest to me."

The Marquis of Carabas did what the Cat advised him to, without knowing why or wherefore. While he was washing the King passed by, and the Cat began to cry out, "Help! Help! My Lord Marquis of Carabas is going to be drowned."

At this noise the King put his head out of the coach-window, and, finding it was the Cat who had so often brought him such good game, he commanded his guards to run immediately to the assistance of his Lordship the Marquis of Carabas. While they were drawing the poor Marquis out of the river, the Cat came up to the coach and told the King that, while his master was washing, there came by some rogues, who went off with his clothes, though he had cried out: "Thieves! Thieves!" several times, as loud as he could.

Իրականում խորամանկ կատուն ինքն էր թաքցրել էր իր տիրոջ աղքատիկ հագուստը մի մեծ քարի տակ: Թագավորն իսկույն հրամայեց, որ մարքիզ դե Կարաբասի համար բերեն իր լավագույն հագուստներից մեկը:

Հագուստը և ժամանակին էր, և շատ սազեց նրան: Մարքիզը գեղեցիկ ու բարեկազմ տղա էր, իսկ երբ հագավ թագավորի զգեստն, ավելի գեղեցկացավ: Թագավորի դուստրը, նայելով նրան, մտածեց, որ տղան հենց իր ճաշակով է: Երբ մարքիզ դե Կարաբասը մի երկու-երեք անգամ շատ հարգալից և քնքշորեն նայեց աղջկան, վերջինս մինչև ականջները սիրահարվեց մարքիզին: Երիտասարդ մարքիզն աղջկա հորը նույնպես դուր եկավ: Թագավորը շատ սիրալիր էր վերաբերվում նրանց և նույնիսկ հրավիրեց նստել իր կառքն ու մասնակցել զբոսանքին: Կատուն շատ ուրախ էր, որ ամեն ինչ այնպես է ստացվում, ինչպես ինքը նախատեսել էր: նա կառքից առաջ վազեց և, տեսնելով, որ խոտհարները մարգագետինն են հնձում, ասաց նրանց.

- Հե՜յ, խոտհարնե՛ր, բարի մարդիկ: Եթե դուք թագավորին չասեք, որ այս մարգագետինը պատկանում է մարքիզ դե Կարաբասին, ապա ձեզ բոլորիդ մանր կկտրատեն, ինչպես կարկանդակի լցոնն են անում:

Թագավորն, իրոք, հարցրեց խոտհարներին, թե ում է պատկանում այդ մարգագետինը:

- Մարքիզ դե Կարաբասին, - միաձայն պատասխանեցին հնձվորները՝ կատվի սպառնալիքներից վախեցած: Թագավորը գոհ մնաց և ասաց.

- Օհ՜, մարքի՛զ, ի՜նչ գեղեցիկ է ձեր մարգագետինը:

- Իրոք, արքա՛,- պատասխանեց մարքիզը: - Ամեն տարի այս մարգագետնում հրաշալի խոտհարք է կազմակերպվում:

Կատուն կրկին առաջ վազեց, տեսավ հնձվորներին և ասաց նրանց.

- Հե՜յ, հնձվորնե՛ր, բարի մարդիկ: Եթե դուք թագավորին չասեք, որ այս դաշտը պատկանում է մարքիզ դե Կարաբասին, ապա ձեզ բոլորիդ մանր կկտրատեն, ինչպես կարկանդակի լցոնն են անում:

Մեկ րոպե անց թագավորը մոտեցավ հնձվորներին և հարցրեց, թե ում դաշտն են նրանք հնձում:

This cunning Cat had hidden them under a great stone. The King immediately commanded the officers of his wardrobe to run and fetch one of his best suits for the Lord Marquis of Carabas.

The King caressed him after a very extraordinary manner, and as the fine clothes he had given him extremely set off his good mien (for he was well made and very handsome in his person), the King's daughter took a secret inclination to him, and the Marquis of Carabas had no sooner cast two or three respectful and somewhat tender glances but she fell in love with him to distraction. The King had him come into the coach and take part of the airing. The Cat, quite overjoyed to see his project begin to succeed, marched on before, and, meeting with some countrymen, who were mowing a meadow, he said to them, "Good people, you who are mowing, if you do not tell the King that the meadow you mow belongs to my Lord Marquis of Carabas, you shall be chopped as small as herbs for the pot."

The King did not fail asking of the mowers to whom the meadow they were mowing belonged.

"To my Lord Marquis of Carabas," they answered altogether, for the Cat's threats had made them terribly afraid. The king was pleased and told, "Marquis of Carabas you have a wonderful meadow"

"You see, sir," said the Marquis, "this is a meadow which never fails to yield a plentiful harvest every year."

The Master Cat, who went still on before, met with some reapers, and said to them, "Good people, you who are reaping, if you do not tell the King that all this corn belongs to the Marquis of Carabas, you shall be chopped as small as herbs for the pot."

The King, who passed by a moment after, would needs know to whom all that corn, which he then saw, did belong.

- Մարքիզ դե Կարաբասի դաշտերն են,- պատասխանեցին հնձվորները:

Եվ թագավորը կրկին շատ ուրախացավ:

Իսկ կատուն ամեն անգամ կառքից առաջ էր վազում և բոլորին, ովքեր հանդիպում էին իր ճանապարհին, հրամայում էր ասել նույն բանը. «Սա Մարքիզ դե Կարաբասի տունն է, այս ջրաղացը պատկանում է Մարքիզ դե Կարաբասին, սա Մարքիզ դե Կարաբասի այգին է...»: Իսկ թագավորը չէր դադարում հիանալ երիտասարդ մարքիզի հարստությամբ:

Վերջապես կատուն հասավ մի շքեղ դղյակի, որը պատկանում էր աշխարհի ամենահարուստ մարդակերներից մեկին: Հենց մարդակերն էլ այն բոլոր դաշտերի, մարգագետինների և այգիների տերն էր, որոնց մոտով անցնում էր թագավորը: Կատուն նախօրոք պարզել էր, թե ինչումն է այս հսկայի ուժը: Նա թույլտվություն խնդրեց՝ հանդիպել նրա հետ: Իբր թե, չի կարող և չի ուզում անցնել նրա ամրոցի մոտով՝ առանց հսկային իր հարգանքը հայտնելու:

Մարդակերը կատվին ընդունեց ողջ քաղաքավարությամբ, որքան նա ընդունակ էր դրան, և առաջարկեց նստել:

- Ինձ ասացին,- մռմռաց կատուն,- որ դուք կարող եք կերպարանափոխվել ու դառնալ ցանկացած գազան: Դե, ասենք՝ առյուծ կամ փիղ...

- Կարող եմ,- ծիծաղեց մարդակերը: - Որպես ապացույց՝ հիմա ես կդառնամ առյուծ: Հապա նայի՛ր:

Կատուն այնքա՛ն վախեցավ, տեսնելով առյուծին, որ մի ակնթարթում ջրհորդանի վրայով տանիք բարձրացավ: Դա ոչ միայն դժվար էր, այլև՝ շատ վտանգավոր, քանի որ երկարաճիտ կոշիկներով այնքան էլ հեշտ չէր քայլել հարթ կղմինդրի վրայով: Եվ միայն այն ժամանակ, երբ հսկան իր նախկին կերպարանքն ընդունեց, կատուն իջավ տանիքից և խոստովանեց մարդակերին, որ քիչ էր մնում մահանար երկյուղից:

- Ինձ նաև հավաստիացրել են, բայց դրան ես արդեն չեմ հավատում, որ դուք նույնիսկ կարող եք դառնալ փոքրիկ կենդանի,- ասաց կատուն: - Օրինակ, կարող եք առնետ կամ մուկ դառնալ: Ես պետք է խոստովանեմ, որ դա միանգամայն անհնարին է:

"To my Lord Marquis of Carabas," replied the reapers, and the King was very well pleased with it.

The Master Cat, who went always before, made all the people he met say the same words, "This is the home of my Lord Marquis de Carabas , this mill of my Lord Marquis de Carabas, a garden of my Lord Marquis de Carabas..." and the King was astonished at the vast estates of my Lord Marquis of Carabas.

Monsieur Puss came at last to a stately castle, the master of which was an ogre, the richest had ever been known; for all the lands which the King had then gone over belonged to this castle. The Cat, who had taken care to inform himself who this ogre was and what he could do, asked to speak with him, saying he could not pass so near his castle without having the honor of paying his respects to him.

The ogre received him as civilly as an ogre could do, and made him sit down.

"I have been assured," said the Cat, "that you have the gift of being able to change yourself into all sorts of creatures you have a mind to; you can, for example, transform yourself into a lion, or elephant, and the like."

"That is true," answered the ogre very briskly; "and to convince you, you shall see me now become a lion."

Puss was so sadly terrified at the sight of a lion so near him that he immediately got into the gutter, not without abundance of trouble and danger, because of his boots, which were of no use at all to him in walking upon the tiles. A little while after, when Puss saw that the ogre had resumed his natural form, he came down, and owned he had been very much frightened.

"I have been, moreover, informed," said the Cat, "but I know not how to believe it, that you have also the power to take on you the shape of the smallest animals; for example, to change yourself into a rat or a mouse; but I must own to you I take this to be impossible."

- Ահա թե ի՞նչ: Դու կարծում ես՝ դա անհնարի՞ն է,- մռնչաց հսկան: - Այդ դեպքում, նայի՛ր:

Հսկան իսկույն դարձավ մուկ, որն սկսեց վազվզել հատակին: Իսկ կատուն ցատկեց, բռնեց մկանն ու կերավ:

Այդ ժամանակ թագավորի կառքն անցնում էր դղյակի կողքով: Այն տեսնելով՝ թագավորը ցանկացավ ներս մտնել:

Կատուն լսեց, թե ինչպես դղրդացին թագավորական կառքի անիվները կամրջի վրա: Նա դուրս վազեց թագավորին ընդառաջ և ասաց.

- Ձե՛րդ մեծություն, բարով եք եկել մարքիզ դե Կարաբասի դղյակը:

- Այս դղյակն է՞լ է ձերը, պարո՛ն մարքիզ, - բացականչեց թագավորը: - Դժվար է պատկերացնել առավել գեղեցիկ բան, քան այս բակն ու նրան շրջապատող շենքերը: Սա իսկակա՛ն պալատ է: Եկեք տեսնենք, թե ինչպիսին է այն ներսից, եթե դուք դեմ չեք:

Թագավորն առաջ անցավ, իսկ մարքիզն իր ձեռքը մեկնեց գեղեցկուհի արքայադուստրին: Նրանք մտան հրաշագեղ դահլիճը, որտեղ արդեն պատրաստ էր համեղ ընթրիքը: Այդ օրը մարդակերն իր բարեկամներին էր սպասում, բայց նրանք չհամարձակվեցին գալ, իմանալով, որ թագավորն ամրոցում է: Թագավորը հիացած էր մարքիզ դե Կարաբասի արժանիքներով համարյա նույնքան, որքան նրա դուստրը, որը խենթի պես սիրահարվել էր մարքիզին: Բացի այդ, Նորին մեծությունը չէր կարող չգնահատել մարքիզի գեղեցիկ կալվածքները, և դատարկելով հինգ-վեց գավաթ, ասաց.

- Եթե դուք ուզում եք դառնալ իմ փեսան, պարո՛ն մարքիզ, ապա դա կախված է միայն ձեզնից:

Մարքիզը հարգալից շնորհակալություն հայտնեց թագավորին և հենց նույն օրն էլ ամուսնացավ արքայադստեր հետ:

Իսկ կատուն դարձավ նշանավոր ազնվական և այդ ժամանակից ի վեր հազվադեպ էր մուկ բռնում՝ միայն սեփական հաճույքի համար:

"Impossible!" cried the ogre; "You shall see that presently."

And at the same time he changed himself into a mouse, and began to run about the floor. Puss no sooner perceived this but he fell upon him and ate him up.

Meanwhile the King, who saw, as he passed, this fine castle of the ogre's, had a mind to go into it.

Puss, who heard the noise of his Majesty's coach running over the draw-bridge, ran out, and said to the King, "Your Majesty is welcome to this castle of my Lord Marquis of Carabas."

"What! My Lord Marquis," cried the King, "and does this castle also belong to you? There can be nothing finer than this court and all the stately buildings which surround it; let us go into it, if you please."

The Marquis gave his hand to the Princess, and followed the King, who went first. They passed into a spacious hall, where they found a magnificent collation, which the ogre had prepared for his friends, who were that very day to visit him, but dared not to enter, knowing the King was there. His Majesty was perfectly charmed with the good qualities of my Lord Marquis of Carabas, as was his daughter, who had fallen violently in love with him, and, seeing the vast estate he possessed, said to him, after having drunk five or six glasses, "It will be owing to yourself only, my Lord Marquis, if you are not my son-in-law."

The Marquis, making several low bows, accepted the honor which his Majesty conferred upon him, and forthwith, that very same day, married the Princess.

Puss became a great lord, and never ran after mice any more but only for his diversion.

Փոքրիկ Իդայի ծաղիկները

- Իմ խե՜ղճ ծաղիկներն ամբողջովին թոշնել են,- ասաց փոքրիկ Իդան: - Երեկ երեկոյան նրանք այնքա՜ն գեղեցիկ էին, իսկ այժմ բոլորը կախել են գլխիկները: Ինչո՞ւ, հայրի՜կ:

Իդան շատ էր սիրում հորը, որը հրաշալի պատմություններ գիտեր:

- Ծաղիկներն այս գիշեր պարել են պարահանդեսում, այդ պատճառով էլ հոգնել ու կախել են գլխիկները,- պատասխանեց հայրիկը:

- Բայց ծաղիկները չե՜ն պարում,- ասաց փոքրիկ Իդան:

- Պարում են,- պատասխանեց հայրիկը: - Գիշերները, երբ շուրջբոլորը մութ է, իսկ մենք բոլորս քնած ենք, նրանք ուրախ պարում են իրար հետ:

- Իսկ երեխաները կարո՞ղ են ներկա լինել նրանց պարահանդեսին:

- Ինչո՜ւ չէ,- ասաց հայրիկը:

- Իսկ որտե՞ղ են պարում ամենագեղեցիկ ծաղիկները,- հարցրեց Իդան:

- Թագավորական պալատում,- ասաց հայրիկը: - Լավ կլիներ, եթե դու տեսնեիր այդ պարահանդեսը: Երկու՝ ամենագեղեցիկ վարդերը նստում են գահին. դրանք թագավորն ու թագուհին են: Գեղեցիկ աքլորակատարները կանգնում են նրանց երկու կողմերում՝ գլուխները խոնարհած. դրանք կամերյունկերներն են: Հետո գալիս են մյուս բոլոր գեղեցիկ ծաղիկները, և սկսվում է պարահանդեսը: Հակինթներն ու զաֆրաններն իրենց ներկայացնում են որպես փոքրիկ ծովային կադետներ և պարում են տիկնանց՝ կապույտ մանուշակների հետ: Կակաչները և մեծ դեղին շուշանները տարեց կանայք են. նրանք հետևում են պարին և ընդհանուր կարգ ու կանոնին:

- Դա շա՜տ զվարճալի է,- ասաց փոքրիկ Իդան և նույնիսկ ծափահարեց: - Իսկ ես կարո՞ղ եմ այդ բոլորը տեսնել:

- Կարող ես,- ասաց հայրիկը: - Պետք է միայն նայել պատուհանից դուրս: Ես այսօր այնտեղ մի երկար դեղին շուշան տեսա: Նա ամբողջ հասակով մեկնվել էր բազմոցին. իրեն պալատական տիկին էր պատկերացնում:

- Իսկ Բուսաբանական այգու ծաղիկները կարո՞ղ են գալ պարահանդես: Չէ որ այգին հեռու է:

Little Ida's Flowers

"My poor flowers are quite dead," said little Ida. "They were so pretty yesterday evening, and now all the leaves are hanging down quite withered. Why is that," she asked, of her father.

She liked her father very much, he could tell the most amusing stories.

"The flowers were dancing at a ball last night, that is why they are tired and they hang their heads," said father.

"But flowers cannot dance!" told little Ida.

"Yes indeed, they dance!" replied father. "At night when it's dark around, and everybody is asleep, they dance about quite merrily."

"Can children go to these balls?"

"Why not," said father.

"Where do the beautiful flowers dance?" asked little Ida.

"In the king's palace," answered father. "I wish you could see it! The two most beautiful roses seat themselves on the throne, and are called the king and queen. The red cockscombs range themselves on each side, and bow, these are the lords-awaiting. After that the pretty flowers come in, and there is a grand ball. The blue violets represent little naval cadets, and dance with hyacinths and crocuses which they call young ladies. The tulips and tiger-lilies are the old ladies who sit and watch the dancing, so that everything may be conducted with order and propriety."

"Oh how amusing!" said little Ida, clapping her hands. "Will I be able to see this?"

"Yes, you can," said father. "You need to look through the window. I saw today a long yellow lily lying stretched out on the sofa - pretending she was a court lady."

"Can the flowers from the Botanical Gardens go to these balls? It is such a distance!"

- Այո,- ասաց հայրիկը: - Չէ որ նրանք կարող են թռչել, երբ ցանկանան: Դու տեսե՞լ ես գեղեցիկ կարմիր, դեղին և սպիտակ թիթեռնիկներին, որոնք նման են ծաղիկներին: Չէ որ նախկինում նրանք ծաղիկներ են եղել, միայն պոկվել են իրենց ցողուններից և օդ են բարձրացել, թափահարել են ծաղկաթերթիկները, ինչպես թափահարում են թևերը, և սկսել են թռչել: Նրանք իրենց լավ են պահել և թույլտվություն են ստացել՝ թռչել նաև ցերեկը: Մյուս ծաղիկները հնազանդորեն նստել են իրենց ցողուններին, իսկ կարգապահները շարունակել են թռչել, և նրանց ծաղկաթերթիկներն ի վերջո իսկական թևիկներ են դարձել: Դու տեսել ես նրանց: Ի դեպ, միգուցե, Բուսաբանական այգու ծաղիկները չեն էլ լինում թագավորական պալատում:

- Միգուցե, նրանք նույնիսկ չգիտեն, որ այնտեղ գիշերները նման զվարճություններ են լինում: Ա՜յ թե կզարմանա պրոֆեսոր բուսաբանը, որն այստեղից հեռու չի ապրում: Դու նրան լավ գիտես: Երբ հաջորդ անգամ գնաս նրա այգին, մի որևէ ծաղկի պատմիր թագավորական պալատում տեղի ունեցող պարահանդեսների մասին: Այդ ծաղիկը կպատմի մյուսներին, և նրանք բոլորը կթռչեն պալատ: Պրոֆեսորը կգա այգի, իսկ այնտեղ ոչ մի ծաղիկ չկա: Նա շատ կզարմանա ու երկար կմտածի, թե ուր են կորել ծաղիկները:

- Բայց ինչպե՞ս կարող է ծաղիկը պատմել ուրիշներին: Ծաղիկները չեն խոսում:

- Իհա՜րկե չեն խոսում,- ասաց հայրիկը,- բայց փոխարենը նրանք կարող են բացատրվել նշաններով: Չէ որ դու տեսել ես, թե ինչպես են նրանք ճոճվում ու շարժում իրենց կանաչ տերևները, երբ թեթև քամի է փչում: Դա նրանց մոտ այնքան լավ է ստացվում. նրանք հաստատ խոսում են:

- Իսկ պրոֆեսորը հասկանո՞ւմ է նրանց նշանները,- հարցրեց փոքրիկ Իդան:

- Իհա՜րկե: Մի անգամ առավոտյան նա եկավ այգի և տեսավ, որ մեծ եղինջն իր տերևներով ինչ-որ նշաններ է անում կարմիր մեխակին: Դրանով նա մեխակին ցանկանում էր ասել. «Դու այնքա՜ն գեղեցիկ ես, ես քեզ շա՜տ եմ սիրում»: Պրոֆեսորին դա դուր չեկավ. նա հարվածեց եղինջի տերևներին և դաղեց ձեռքերը: Այդ օրվանից նա չի համարձակվում ձեռք տալ եղինջին:

- Շա՜տ զվարճալի է,- ասաց Իդան և ծիծաղեց:

"Oh yes," said father "whenever they like, for they can fly. Have you seen those beautiful red, white and yellow butterflies that look like flowers? They were flowers once, they just have flown off their stalks into the air, and flap their leaves as if they were little wings to make them fly. They behaved well, so they obtain permission to fly about during the day, instead of being obliged to sit still on their stems at home, and so in time their leaves become real wings. You saw them yourself! It may be, however, that the flowers in the Botanical Gardens have never been to the king's palace!

Maybe they even know nothing of the merry doings at night, which take place there. The botanical professor, who lives close by here, will be so surprised. You know him very well, do you not? Well, next time you go into his garden, you must tell one of the flowers that there is going to be a grand ball at the castle. That flower will tell all the others, and they will fly away to the castle. And when the professor walks into his garden, there will not be a single flower left. How he will wonder what has become of them!"

"But how can one flower tell another? Flowers cannot speak?"

"No, certainly not," replied father; "but they can make signs. You have seen that: when the wind blows they nod at one another, and rustle all their green leaves. It is so cute how they do it - as if they are speaking."

"Can the professor understand the signs?" asked Ida.

"Yes, to be sure he can. He went one morning into his garden, and saw a stinging nettle making signs with its leaves to a beautiful red carnation. It was saying, *You are so pretty, I like you very much.* But the professor did not approve of such nonsense, so he clapped his hands on the nettle then the leaves, stung him. He has never ventured to touch the nettle since."

"Oh how funny!" said Ida, and laughed.

Իդային շատ զվարճացրեց հայրիկի պատմածը ծաղիկների մասին, և նա ամբողջ օրն այդ մասին էր մտածում։

«Ուրեմն ծաղիկները կախել են գլուխները, որովհետև հոգնել են պարահանդեսի ժամանակ»,- եզրակացրեց նա։ Հետո նա ծաղիկները տարավ այն սենյակը, որտեղ սեղանի վրա դրված էին նրա խաղալիքները։ Սեղանի դարակը լիքն էր տարբեր իրերով։ Տիկնիկ Սոֆին պառկած էր իր մահճակալում։ Նա քնած էր, բայց Իդան ասաց նրան.

- Դու պետք է վեր կենաս, Սոֆի՛, և այս գիշեր պառկես սեղանի դարակում։ Խեղճ ծաղիկները հիվանդ են, նրանց պետք է պառկեցնել քո անկողնում. միգուցե, նրանք կառողջանան։

Եվ նա տիկնիկին հանեց անկողնուց։ Սոֆին դժգոհ նայեց Իդային և ոչինչ չասաց. նա բարկացած էր, որ խլել են սեփական մահճակալը։

Իդան տեղավորեց ծաղիկներին, նրանց ծածկեց վերմակով և ասաց, որ հանգիստ պառկեն։ Փոխարենը խոստացավ թեյ տալ նրանց, մտածելով, որ այս ամենից հետո առավոտյան նրանք լիովին առողջ կլինեն։

Ամբողջ երեկո նա հիշում էր հայրիկի պատմածը։ «Մի՞ թե իմ ծաղիկներն էլ են մասնակցել պալատի պարահանդեսին»,- մտածեց նա և քնեց։

Բայց գիշերվա կեսին փոքրիկ Իդան հանկարծ արթնացավ։ «Ես ուզում եմ իմանա՛լ արդյո՞ք քնած են իմ ծաղիկները»,- մտածեց Իդան։ Նա մի փոքր բարձրացրեց գլուխը և նայեց կիսաբաց դռանը, որի հետևում նրա խաղալիքներն ու ծաղիկներն էին։ Հետո նա ականջ դրեց, և նրան թվաց, թե այդ սենյակում դաշնամուր են նվագում, բայց՝ շատ հանգիստ ու նուրբ։ Նման երաժշտություն նա երբեք չէր լսել։

«Հավանաբար, ծաղիկներն են պարում,- մտածեց Իդան: - Օ՛, որքա՛ն կուզեի նայել»։ Բայց նա չհամարձակվեց վեր կենալ անկողնուց, որպեսզի չարթնացնի հայրիկին ու մայրիկին։

But to little Ida, all these stories which father told her about the flowers, seemed very droll, and she thought over them a great deal.

The flowers did hang their heads, because they were very tired after the ball. Then she took them into the room where a number of toys lay on a little table, and the whole of the table drawer besides was full of beautiful things. Her doll Sophie lay in the doll's bed asleep, and little Ida said to her, "You must really get up Sophie, and be content to lie in the drawer tonight; the poor flowers are ill, and they must lie in your bed, then perhaps they will get well again."

So she took the doll out. Sophie looked quite cross, and said not a single word, for she was angry at being turned out of her bed.

Ida placed the flowers in the doll's bed, and drew a quilt over them and told them to lie quite still and be good, while she made some tea for them, so that they might be quite well and able to get up the next morning.

Then she drew the curtains close round the little bed, so that the sun might not shine in their eyes.

During the whole evening she could not help thinking of what father had told her. *I wonder if my flowers have really been at the ball*, she said to herself, and then she fell asleep.

In the middle of the night, little Ida woke up.

I wonder if my flowers are still lying in the bed, Ida thought. She raised herself, and glanced at the door of the room where all her toys and flowers lay; it was partly open, and as she listened, it seemed as if someone in the room was playing the piano, but softly and more prettily than she had ever before heard it.

Now all the flowers are certainly dancing in there, Ida thought. *Oh how much I should like to see them!* But she did not dare get out of the bed for fear of disturbing her father and mother.

«Գոնե ծաղիկներն այստեղ գային»,- մտածեց նա: Բայց ծաղիկները ներս չմտան, իսկ հանգիստ ու նուրբ երաժշտությունը շարունակվում: Դա պարզապես հրաշք էր: Աղջիկը չդիմացավ, լուռ վեր կացավ անկողնուց, ոտքի թաթերի վրա մոտեցավ դռանը և նայեց հարևան սենյակը:

Այնտեղ ցերեկվա պես լուսավոր էր: Դահլիճի կենտրոնում պարում էին ծաղիկները. նրանք մեկ շրջան էին կազմում, մեկ, բռնելով մեկը մյուսի տերևներից, ինչպես ձեռքերն են բռնում, պտտվում էին զույգերով: Մեծ դեղին շուշանը դաշնամուր էր նվագում:

Հանկարծ փոքրիկ Իդան տեսավ, որ մեծ երկնագույն զաֆրանը թռավ կանգնեց խաղալիքներով լի սեղանին, մոտեցավ տիկնիկի մահճակալին և հետ քաշեց վարագույրը: Այնտեղ պառկած էին հիվանդ ծաղիկները, բայց նրանք աշխույժ վեր կացան ու գլուխ տվեցին, հասկացնելով, որ իրենք նույնպես ուզում են պարել: Նրանք ընդհանրապես հիվանդ տեսք չունեին. թռչկոտում էին և շատ ուրախ էին:

Արկղից դուրս եկավ տիկնիկ Սոֆին և զարմացած նայեց շուրջը.

- Այո՛, պարզվում է՝ ձեզ մոտ պարահանդես է,- ասաց նա: - Իսկ ինչո՞ւ ինձ չեք ասել:

Սոֆին նստեց արկղին և սկսեց սպասել. միգուցե, որևէ ծաղիկ կհրավիրի՞ իրեն: Բայց ոչ ոք չէր մտածում հրավիրել նրան: Նա բարձր հազաց, բայց դա էլ չօգնեց. ոչ ոք չմոտեցավ նրան:

Տեսնելով, որ ծաղիկները ուշադրություն չեն դարձնում իր վրա՝ Սոֆին հանկարծ արկղից ընկավ հատակին և այնպիսի աղմուկ բարձրացրեց, որ բոլորը վազեցին դեպի նա և սկսեցին հարցնել, թե արդյոք նա չի՞ վնասել իրեն: Բոլորը նրա հետ շատ սիրալիր էին խոսում: Սոֆին բոլորովին չէր վնասվել, և փոքրիկ Իդայի ծաղիկներն սկսեցին շնորհակալություն հայտնել նրան հրաշալի անկողնու համար: Հետո նրանք Սոֆիի հետ միասին մտան հատակին առաջացած լուսնային շրջանակի մեջ և սկսեցին պարել նրա հետ, իսկ մյուս ծաղիկները պտտվում էին նրանց շուրջը: Սոֆին շատ գոհ էր: Նա ծաղիկներին ասաց, որ հաճույքով զիջում է նրանց իր մահճակալը. նա իրեն լավ է զգում նաև արկղում:

- Շնորհակալությո՛ւն,- ասացին ծաղիկները: - Բայց մենք չենք կարող այդպես երկար ապրել: Առավոտյան մենք իսպառ կթոշնենք:

If the flowers would only come in here! Ida thought. But they did not come in, and the music continued to play so beautifully, and was so pretty. The girl could resist no longer, she crept out of her little bed, went softly to the door and looked into the room.

There, it was as bright as day. The flowers were dancing gracefully in the center of the hall, making turns and holding each other by their long green leaves as they swung round. At the piano sat a large yellow lily.

Then the little Ida saw a large purple crocus jump into the middle of the table where the toys were, go up to the doll's bedstead and draw back the curtains; there lay the sick flowers, but they got up directly, and nodded to the others as a sign that they wished to dance with them. The old rough doll, with the broken mouth, stood up and bowed to the pretty flowers. They did not look ill at all now, but jumped about and were very merry.

Then Sophie raised himself, and looked round quite astonished.

"There must be a ball here!" she said. "Why did not somebody tell me?"

Sophie seated herself on the edge of the drawer, and thought that perhaps one of the flowers would ask her to dance; but none of them even thought to do so. Then she coughed loudly, but still no one approached her.

As none of the flowers seemed to notice Sophie, she let herself down from the drawer to the floor, so as to make a such a great noise, that all the flowers came round her directly, and asked if she had hurt herself? All of them talked to her with affection. Sophie was not hurt at all, and Ida's flowers thanked her for the use of the nice bed. Then they led her into the middle of the room, where the moon shone, and danced with her, while all the other flowers formed a circle round them. Sophie was very happy, and said they might keep her bed; she did not mind lying in the drawer at all.

"Thank you," said the flowers. "But we cannot live that long. Tomorrow morning we shall be quite wither.

- Միայն փոքրիկ Իդային ասա, որ նա մեզ տանի այգի և դնի ծաղկաթմբին: Գարնանը մենք նորից կաճենք և ավելի կգեղեցկանանք:

- Լա՛վ,- ասաց Սոֆին ու համբուրեց ծաղիկներին: Այդ պահին դուռը բացվեց, և, պարելով, ծաղիկների խումբը մտավ սենյակ: Առջևից գնում էին երկու ամենագեղեցիկ վարդերը, որոնք ոսկե փոքրիկ թագեր էին դրել. դրանք թագավորն ու թագուհին էին: Նրանց հետևից, խոնարհվելով բոլոր ուղղություններով, գալիս էին հրաշալի շահպրակներն ու մեխակները: Երաժիշտները՝ մեծ կակաչներն ու քաջվարդերը, փչում էին սիսեռի թեփից պատրաստված փողերը և ամբողջովին կարմրել էին լարվածությունից: Փոքրիկ երկնագույն զանգակները և սպիտակ ձնծաղիկներն այնպես էին զրնգում, որ կարծես իսկական զանգակներ լինեին:

Հետո գալիս էր ծաղիկների մի հոծ բազմություն՝ երկնագույն մանուշակները, կարմիր վաղինակները, մարգարտածաղիկներն ու հովտաշուշանները: Նրանք բոլորը պարում ու համբուրվում էին:

Վերջապես բոլորը միմյանց բարի գիշեր մաղթեցին, իսկ փոքրիկ Իդան լուռ վերադարձավ իր անկողինը. նա ամբողջ գիշեր երազում ծաղիկներ էր տեսնում և այն ամենը, ինչին ականատես էր եղել:

Առավոտյան նա վեր կացավ ու վազեց դեպի իր սեղանը, որպեսզի նայի՝ տեղո՞ւմ են արդյոք իր ծաղիկները:

Նա հետ քաշեց վարագույրը: Այո, նրանք պառկած էին անկողնում, բայց լրիվ թոշնել էին: Սոֆին նույնպես պառկած էր իր արկղում և շատ քնկոտ տեսք ուներ:

- Իսկ դու հիշո՞ւմ ես, թե ինչ պետք է փոխանցես ինձ,- հարցրեց նրան Իդան:

Սակայն Սոֆին հիմարավարի նայեց նրան և նույնիսկ բերանը չբացեց:

- Ի՛նչ վատն ես դու,- ասաց Իդան: - Իսկ նրանք դեռ պարում էին քեզ հետ:

Իդան վերցրեց ծաղիկները, դրեց նրանց ծաղկաթմբին ու սկսեց սպասել գարնանը, երբ իր ծաղիկները նորից կծաղկեն և ավելի գեղեցիկ տեսք կունենան:

You must tell little Ida to put us to the flower-bed, then, in the spring we will grow up and be more beautiful than ever."

"Well," said Sophie, as she kissed the flowers. Then the door of the room opened, and a number of beautiful flowers danced in. First came two lovely roses, with little golden crowns on their heads; these were the king and the queen. Beautiful stocks and carnations followed, bowing to every one present. The musicians - large poppies and peonies had pea-shells for instruments, and blew into them till they were quite red in the face. The bunches of blue hyacinths and the little white snowdrops jingled their bell-like flowers, as if they were real bells.

Then came many more flowers: blue violets, purple heart's-ease, daisies, and lilies of the valley, and they all danced together, and kissed each other.

At last the flowers wished each other good-night and little Ida crept back into her bed, and dreamt of flowers and all she had seen.

When she arose the next morning, she went quickly to the little table, to see if the flowers were still there.

She drew aside the curtains, yes there they all lay, but quite faded! Sophie was lying in the drawer, and she looked very sleepy.

"Do you remember what you have to tell me?" asked Ida.

But Sophie looked quite stupid, and said not a single word.

"You are not kind at all," said Ida; "and yet they all danced with you."

Ida took the flowers to the flower-bed and started to wait for the spring to come, when her flowers would bloom again and become even more beautiful.

Եսասեր Հսկան

Ամեն օր երեխաները դպրոցից վերադառնալիս մտնում էին Հսկայի այգին ու խաղում:

Դա մի մեծ ու գեղեցիկ այգի էր, որտեղ կանաչին էր տալիս խոտը, և աճում էին աստղերի նման չքնաղ ծաղիկներ: Այս այգում տասներկու դեղձենի կար: Գարնանը նրանք փթթում էին վարդամարգարտագույն նրբագեղ ծաղիկներով, իսկ աշնանն առատ միրգ էին տալիս: Թռչուններն նստում էին ծառերին և այնպես անուշ էին երգում, որ երեխաները թողնում էին խաղն ու լսում նրանց:

– Ի՜նչ երջանիկ ենք այստեղ,– ասում էին փոքրիկները միմյանց:

Մի օր էլ Հսկան վերադարձավ տուն: Նա այցելության էր գնացել իր բարեկամ Կորնուել մարդակերին և հյուրընկալվել յոթ տարի: Յոթ տարվա ընթացքում նա մարդակերին պատմել էր այն ամենի մասին, ինչ կարող էր ասել, քանի որ շատախոս չէր, և որոշեց իր ամրոցը վերադառնալ:

Հենց որ տեղ հասավ, տեսավ երեխաներին, որոնք խաղում էին պարտեզում:

– Ի՞նչ եք անում այստեղ,– գոռաց Հսկան ահեղ ձայնով, և երեխաները փախան: – Իմ սեփական այգին՝ իմ սեփական այգին է,– ասաց Հսկան,– դա բոլորին պետք է հասկանալի լինի, և ես ոչ մեկին թույլ չեմ տա, ինձանից բացի՝ խաղալ իմ սեփական այգում:

Եվ նա այգու շուրջը բարձր պարիսպ շինեց ու մի ցուցատախտակ կախեց.

ՄՈՒՏՔԸ ԽՍՏԻՎ ԱՐԳԵԼՎՈՒՄ Է

Այդ Հսկա մեծ եսասեր էր:

Խեղճ երեխաներն այլևս խաղալու տեղ չունեին: Նրանք փորձեցին խաղալ ճանապարհի վրա, բայց ճանապարհը շատ փոշոտ էր ու քարքարոտ: Երեխաներին դա դուր չեկավ: Դասերից հետո նրանք թափառում էին բարձր պարսպի շուրջը և խոսում պարսպի հետևում գտնվող չքնաղ այգու մասին:

– Ի՜նչ երջանիկ էինք այնտեղ,– ասում էին նրանք միմյանց:

Գարունը եկավ, և ամենուրեք հայտնվեցին ծաղիկներն ու թռչունները: Միայն եսասեր Հսկայի այգում դեռ շարունակվում էր Ձմեռը: Թռչունները չէին ուզում երգել այնտեղ, որովհետև երեխաներ չկային, իսկ ծառերը մոռացել էին ծաղկել:

The Selfish Giant

Every afternoon, as they were coming from school, the children used to go and play in the Giant's garden.

It was a large lovely garden, with soft green grass. Here and there over the grass stood beautiful flowers like stars, and there were twelve peach-trees that in the spring-time broke out into delicate blossoms of pink and pearl, and in the autumn bore rich fruit. The birds sat on the trees and sang so sweetly that the children used to stop their games in order to listen to them.

"How happy we are here!" they cried to each other.

One day the Giant came back. He had been to visit his friend the Cornish ogre, and had stayed with him for seven years. After the seven years were over he had said all that he had to say, for his conversation was limited, and he determined to return to his own castle.

When he arrived he saw the children playing in the garden.

"What are you doing here?" he cried in a very gruff voice, and the children ran away. "My own garden is my own garden," said the Giant; "anyone can understand that, and I will allow nobody to play in it but myself."

So he built a high wall all round it, and put up a notice-board:

TRESPASSERS WILL BE PROSECUTED

He was a very selfish Giant.

The poor children had now nowhere to play. They tried to play on the road, but the road was very dusty and full of stones. They did not like it. They used to wander round the high wall when their lessons were over, and talk about the beautiful garden inside.

"How happy we were there," they said to each other.

Then the Spring came, and all over the country there were blossoms and birds. Only in the garden of the Selfish Giant it was still winter. The birds did not care to sing in it as there were no children, and the trees forgot to blossom.

Մի անգամ մի սիրուն ծաղիկ գլուխը հանեց խոտերի արանքից, բայց երբ տեսավ ցուցատախտակը, այնպես խղճաց երեխաներին, որ նորից թաքնվեց հողի տակ ու խոր քուն մտավ:

Ուրախ էին միայն Ձյունն ու Սառնամանիքը:

– Գարունը մոռացել է այս այգին,– բացականչում էին նրանք,– մենք այստեղ կապրենք ողջ տարին:

Ձյունը ծածկեց խոտերն իր հաստ, ճերմակ ծածկոցով, իսկ Սառնամանիքն արծաթով նախշեց բոլոր ծառերը: Հետո նրանք իրենց մոտ հրավիրեցին Հյուսիսային Քամուն: Նա եկավ՝ մուշտակի մեջ փաթաթված, և սկսեց օրն ի բուն ոռնալ պարտեզում ու քանդել ծխնելույզների ծածկերը:

– Ի՜նչ հիանալի տեղ է,– ասաց նա: – Մենք պետք է Կարկուտին հրավիրենք:

Եվ ահա Կարկուտը եկավ: Ամեն օր երեք ժամ նա թակում էր ամրոցի տանիքը, մինչև գրեթե բոլոր կղմինդրասալիկները ջարդվեցին, ապա հողմի պես արագ պտտվում, գալարվում էր պարտեզով մեկ՝ որքան ուժը ներում էր: Նրա հագուստը գորշ էր, իսկ շունչն ասես սառույց լիներ:

– Չեմ հասկանում՝ ինչո՞ւ է Գարունն այսքան ուշանում,– ասում էր եսասեր Հսկան՝ նստած լուսամուտի մոտ՝ նայելով ցուրտ ու ճերմակ այգուն,– հուսով եմ՝ եղանակը կփոխվի:

Բայց գարունն այդպես էլ չեկավ, չեկավ նաև ամառը: Աշունը ոսկե պտուղներ պարգևեց բոլոր այգիներին, իսկ Հսկայի պարտեզին ոչ մի բան չտվեց:

– Նա չափազանց եսասեր է,– ասաց Աշունը:

Այսպիսով, միշտ ձմեռ էր այս այգում, և միայն Հյուսիսային Քամին, Կարկուտը, Սառնամանիքն ու Ձյունն էին պարում ծառերի միջև:

Մի առավոտ էլ Հսկան՝ անկողնում պառկած, ինչ-որ հաճելի երաժշտություն լսեց: Այնպե՜ս անուշ հնչեց մեղեդին, որ թվաց, թե թագավորական երաժիշտներն են նվագելով անցնում ամրոցի մոտով: Այնինչ մի փոքրիկ կանեփահավ էր երգում նրա լուսամուտի տակ: Հսկան վաղուց այգում թռչնի երգ չէր լսել, և նրան թվաց, թե դա աշխարհի ամենազմայլելի երաժշտությունն է:

Շուտով Կարկուտը դադարեց պարել նրա գլխավերևում, Հյուսիսային Քամին կտրեց ոռնոցը, և արբեցուցիչ բուրմունք ներս հորդեց բաց լուսամուտից:

Once a beautiful flower put its head out from the grass, but when it saw the notice-board it was so sorry for the children that it slipped back into the ground again, and went off to sleep.

Only the Snow and the Frost were pleased.

"Spring has forgotten this garden," they cried, "so we will live here all the year round."

The Snow covered up the grass with her great white cloak, and the Frost painted all the trees silver. Then they invited the North Wind to stay with them, and he came. He was wrapped in furs, and he roared all day about the garden, and blew the chimney-pots down.

"This is a delightful spot," he said, "we must ask the Hail on a visit."

So the Hail came. Every day for three hours he rattled on the roof of the castle till he broke most of the slates, and then he ran round and round the garden as fast as he could go. He was dressed in grey, and his breath was like ice.

"I cannot understand why the Spring is so late in coming," said the Selfish Giant, as he sat at the window and looked out at his cold white garden; "I hope there will be a change in the weather."

But the Spring never came, nor the Summer. The Autumn gave golden fruit to every garden, but to the Giant's garden she gave none.

"He is too selfish," she said. So it was always Winter there, and the North Wind, and the Hail, and the Frost, and the Snow danced about through the trees.

One morning the Giant was lying awake in bed when he heard some lovely music. It sounded so sweet to his ears that he thought it must be the King's musicians passing by. It was really only a little linnet singing outside his window. It was so long since he had heard a bird sing in his garden that it seemed to him to be the most beautiful music in the world.

Then the Hail stopped dancing over his head, and the North Wind ceased roaring, and a delicious perfume came to him through the open casement.

– Կարծես Գարունն արդեն եկել է, վերջապե՛ս,– ասաց Հսկան, ցատկեց անկողնուց ու դուրս նայեց: Եվ ի՞նչ տեսավ նա... Նա տեսավ մի հրաշալի տեսարան: Պատնեշի փոքրիկ ճեղքից երեխաները ներս էին սողոսկել այգի և նստել էին ծառերի ճյուղերին: Յուրաքանչյուր ծառի վրա մի երեխա էր նստած: Իսկ ծառերն այնքան ուրախ էին երեխաների կրկին վերադառնալուց, որ անմիջապես փթթել էին ծաղիկներով և մեղմ օրորում էին իրենց ճյուղերը փոքրիկների գլխավերևում: Թռչուններն այս ու այն կողմ էին ճախրում և ծլվլում բերկրանքից, իսկ ծաղիկները նայում էին կանաչ խոտերի միջից ու ծիծաղում: Դա մի չքնաղ տեսարան էր: Միայն մի տեղ էր դեռ ձմեռ՝ այգու ամենահեռավոր անկյունում, որտեղ կանգնած էր մի մանչուկ: Նա այնքան փոքրիկ էր, որ ձեռքը չէր հասնում ծառի ճյուղերին: Նա միայն պտտվում էր ծառի շուրջն ու դառնորեն լալիս էր: Խեղճ ծառը դեռ ամբողջովին ծածկված էր եղյամով ու ձյունով, իսկ նրա վերևում հեծեծում էր Հյուսիսային Քամին:

– Մագլցի՛ր, մանկի՛կ,– ասաց ծառը և որքան կարող էր ցած խոնարհեց իր ճյուղերը դեպի նա:

Բայց տղան շատ փոքրիկ էր:

Եվ Հսկայի սիրտը փափկեց, երբ տեսավ այդ բոլորը:

– Ի՛նչ եսասերն եմ եղել,– ասաց նա: – Այժմ ես հասկանում եմ, թե ինչու Գարունը չէր գալիս այստեղ: Հիմա խեղճ մանչուկին ծառը կբարձրացնեմ, իսկ հետո կքանդեմ պատնեշը, և երեխաները միշտ կխաղան իմ այգում:

Հսկան, իսկապես, անկեղծորեն զղջում էր արածի համար: Նա զգուշորեն իջավ սանդուղքներով, հուշիկ բացեց դուռը և մտավ այգի: Բայց հենց որ երեխաները նրան տեսան՝ վախեցած փախան, և այգում նորից ձմեռ սկսվեց: Միայն փոքրիկ տղան չփախավ, որովհետև աչքերը լի էին արցունքներով, և նա չնկատեց Հսկային:

Հսկան հետևի կողմից գաղտագողի մոտեցավ նրան, ձեռքով զգույշ բարձրացրեց և դրեց ծառի վրա: Ծառն անմիջապես փթթեց ծաղիկներով, թռչունները թռան-եկան ու սկսեցին ճռվողել ծառի վրա: Մանչուկը պարզեց ձեռքերը, գրկեց Հսկայի պարանոցն ու համբուրեց նրան: Երբ մյուս երեխաները տեսան, որ Հսկան այլևս չար չէ, վազելով վերադարձան, իսկ նրանց հետ եկավ նաև Գարունը:

"I believe the Spring has come at last," said the Giant; and he jumped out of bed and looked out. What did he see? He saw a most wonderful sight. Through a little hole in the wall the children had crept in, and they were sitting on the branches of the trees. On every tree there was a little child. And the trees were so glad to have the children back again that they had covered themselves with blossoms, and were waving their arms gently above the children's heads. The birds were flying about and twittering with delight, and the flowers were looking up through the green grass and laughing. It was a lovely scene, only in one corner it was still winter. It was the farthest corner of the garden, and in it was standing a little boy. He was so small that he could not reach up to the branches of the tree, and he was wandering all round it, crying bitterly. The poor tree was still quite covered with frost and snow, and the North Wind was blowing and roaring above it.

"Climb up! Little boy," said the Tree, and it bent its branches down as low as it could; but the little boy was too tiny.

And the Giant's heart melted as he looked out.

"How selfish I have been!" he said; "now I know why the Spring would not come here. I will put that poor little boy on the top of the tree, and then I will knock down the wall, and my garden shall be the children's playground for ever and ever."

He was really very sorry for what he had done. So he crept downstairs and opened the front door quite softly, and went out into the garden. But when the children saw him they were so frightened that they all ran away, and the garden became Winter again. Only the little boy did not run, for his eyes were so full of tears that he died not see the Giant coming.

And the Giant stole up behind him and took him gently in his hand, and put him up into the tree. And the tree broke at once into blossom, and the birds came and sang on it. The little boy stretched out his two arms and flung them round the Giant's neck, and kissed him. And the other children, when they saw that the Giant was not wicked any longer, came running back, and with them came the Spring.

– Հիմա սա ձեր այգին է, երեխանե՛ր,– ասաց Հսկան և, վերցնելով մի մեծ կացին, քանդեց պատնեշը:

Երբ կեսօրին մարդիկ շուկա էին գնում, տեսան Հսկային՝ երեխաների հետ խաղալիս մի գեղեցիկ այգում, որի նմանը կյանքում չէին տեսել:

Նրանք խաղացին ամբողջ օրը, իսկ երեկոյան եկան բարի գիշեր մաղթելու Հսկային:

– Իսկ ո՞ւր է ձեր փոքրիկ ընկերը,– հարցրեց Հսկան,– այն տղան, որին ես ծառը բարձրացրեցի:

Հսկան նրան բոլորից շատ սիրեց, որովհետև մանչուկը համբուրել էր իրեն:

– Չգիտենք,– պատասխանեցին երեխաները,– նա ինչ-որ տեղ է գնացել:

– Կասեք, որ նա անպայման գա վաղը,– ասաց Հսկան:

Բայց երեխաներն ասացին՝ չգիտեն, թե նա որտեղ է ապրում, և առաջներում ոչ մի անգամ չեն տեսել նրան:

Հսկան շատ տխրեց:

Ամեն օր, դասերից հետո երեխաները գալիս էին այգի ու խաղում Հսկայի հետ: Բայց փոքրիկ տղան, որին Հսկան սիրում էր, երբեք չերևաց: Հսկան շատ բարի էր բոլոր երեխաների հանդեպ, սակայն կարոտում էր իր առաջին փոքրիկ բարեկամին և հաճախ էր խոսում նրա մասին:

– Ինչպե՜ս կուզեի տեսնել նրան,– հաճախ ասում էր Հսկան:

Տարիներ անցան, Հսկան շատ ծերացավ և ուժասպառվեց: Այլևս չէր կարողանում խաղալ, այլ, մեծ բազկաթոռում նստած, նայում էր խաղացող երեխաներին ու զմայլվում իր պարտեզով:

– Ես շատ գեղեցիկ ծաղիկներ ունեմ,– ասում էր նա,– բայց ամենագեղեցիկ ծաղիկները երեխաներն են:

Ձմռան մի առավոտ էլ, երբ նա հագնվում էր, լուսամուտից դուրս նայեց: Հսկան այլևս չէր ատում ձմեռը, քանի որ գիտեր՝ գարունը այս ժամանակ լոկ նիրհում է, իսկ ծաղիկները հանգստանում են:

Հանկարծ նա զարմացած տրորեց աչքերը, քանի որ մի սքանչելի տեսարան տեսավ:

"It is your garden now, little children," said the Giant, and he took a great axe and knocked down the wall.

And when the people were going to market at twelve o'clock they found the Giant playing with the children in the most beautiful garden they had ever seen.

All day long children played, and in the evening they came to the Giant to bid him good-bye.

"But where is your little companion?" he said, "the boy I put into the tree."

The Giant loved him the best because he had kissed him.

"We don't know," answered the children; "he has gone away."

"You must tell him to be sure and come here tomorrow," said the Giant.

But the children said that they did not know where he lived, and had never seen him before. The Giant felt very sad.

Every afternoon, when school was over, the children came to play with the Giant. But the little boy whom the Giant loved was never seen again. The Giant was very kind to all the children, yet he longed for his first little friend, and often spoke of him.

"How I would like to see him!" he used to say.

Years went over, and the Giant grew very old and feeble. He could not play about any more, so he sat in a huge armchair, and watched the children at their games, and admired his garden.

"I have many beautiful flowers," he said; "but the children are the most beautiful flowers of all."

One winter morning he looked out of his window as he was dressing. He did not hate the Winter now, for he knew that it was merely the Spring asleep, and that the flowers were resting.

Suddenly he rubbed his eyes in wonder because he saw a marvelous scene.

Այգու ամենահեռավոր անկյունում մի ծառ ամբողջովին փթթել էր սպիտակ, չքնաղ ծաղիկներով: Նրա ճյուղերը ոսկուց էին, կախված պտուղները՝ արծաթից, իսկ ծառի տակ կանգնած էր նույն մանչուկը, որին նա սիրել էր:

Հսկան պարտեզ վազեց՝ ուրախությունից իրեն կորցրած: Խոտերի վրայով նա վազեց դեպի երեխան: Երբ մոտեցավ փոքրիկին, դեմքը զայրույթից կարմրեց, և նա ասաց.

– Ո՞վ է համարձակվել վիրավորել քեզ:

Մանկան ափերի մեջ երկու մեխերի դրոշմներ կային, մեխերի դրոշմներ կային նաև նրա փոքրիկ ոտքերի վրա:

– Ո՞վ է համարձակվել վիրավորել քեզ,– գոռաց Հսկան,– ասա՝ գնամ վերցնեմ սուրս և սպանեմ նրան:

– Ո՛չ,– պատասխանեց մանուկը,– սրանք Սիրո վերքեր են:

– Ո՞վ ես դու,– հարցրեց Հսկան և, համակված տարօրինակ սարսափով, ծնկի իջավ մանկան առաջ:

Մանուկը ժպտաց Հսկային և ասաց.

– Մի անգամ դու ինձ թողեցիր՝ խաղալ քո պարտեզում, այսօր էլ դու պետք է գաս ինձ հետ իմ այգին, իսկ իմ այգին՝ Դրախտն է:

Երբ երեխաները դասերից հետո եկան այգի, Հսկային գտան ծառի տակ մեռած, իսկ ծառն ամբողջովին ծածկված էր ճերմակ ծաղիկներով:

In the farthest corner of the garden was a tree quite covered with lovely white blossoms. Its branches were all golden, and silver fruit hung down from them, and underneath it stood the little boy he had loved.

Downstairs ran the Giant in great joy, and out into the garden. He hastened across the grass, and came near to the child.

When he came quite close his face grew red with anger, and he said, "Who has dared to wound you?"

For on the palms of the child's hands were the prints of two nails, and the prints of two nails were on the little feet.

"Who has dared to wound you?" cried the Giant; "tell me, that I may take my big sword and slay him."

"Oh, no!" answered the child; "but these are the wounds of Love."

"Who are you?" said the Giant, and a strange awe fell on him, and he knelt before the little child.

And the child smiled on the Giant, and said to him, "You let me play once in your garden, today you shall come with me to my garden, which is Paradise."

And when the children ran in that afternoon, they found the Giant lying dead under the tree, all covered with white blossoms.

Made in the USA
San Bernardino, CA
09 April 2019